AF355770

LE BÈGUE

MONOLOGUE

DU MÊME AUTEUR :

———

L'octroi, poésie dite par Mlle Reichenberg, de la Comédie-Française.

IMPRIMERIE GÉNÉRALE DE CHATILLON-SUR-SEINE. — A. PICHAT.

P. TRIMOUILLAT

LE BÈGUE

MONOLOGUE

EN VERS LIBRES

DIT PAR

M. DE FERAUDY, de la Comédie-Française.

PARIS

TRESSE & STOCK, ÉDITEURS

8, 9, 10, 11, GALERIE DU THÉATRE-FRANÇAIS

PALAIS-ROYAL

1886

Tous droits réservés.

A M. DE FERAUDY

Faire bégayer Féraudy,
Un si fin diseur, c'est un crime.
Écrire une scène afin d'y
Faire bégayer Feraudy,
C'est bien l'acte le plus hardi
Que puisse faire un fou qui rime :
Faire begayer Feraudy,
Un si fin diseur, c'est un crime.

P. T.

LE BÈGUE

L'éloquence en amour est une belle chose.
    Parlez! à tort comme à travers!
    Ne restez jamais bouche close.
Pas de timidité, c'est le pire travers.
Jamais femme ne fut par un muet séduite.

    Ainsi moi, j'ai bonne façon,
    Je ne suis pas vilain garçon,
J'ai de l'esprit, je suis très riche et ma conduite
    Est à l'abri de tout soupçon...
Et je ne puis trouver une enfant distinguée
    Qui — par amour non par devoir —
Veuille bien m'épouser! Et voulez-vous savoir
    Pourquoi? — Parce que je bégaie!
Peut-être avez-vous pu vous en apercevoir...
— Oh! je me suis beaucoup corrigé, non sans peine,
    Et quand je parle posément,
    Comme je fais en ce moment,
    Ce défaut se remarque à peine;

---

1. Ce monologue doit être dit en bégayant légèrement.

Mais quand je crois pouvoir
Décrocher la timballe,
Je suis sûr de me voir
Perdu si je m'emballe !
Vingt fois près de convaincre un être positif
Que je ne l'adorais que pour le bon motif,
J'ai tant bredouillé que l'on m'a fait taire !
Voilà pourquoi je suis encor célibataire...
Le guignon m'en veut, c'est décourageant.
— J'ai manqué de très beaux mariages et même
De très modestes ; car, n'étant pas exigeant,
Pourvu qu'elle ait un physique engageant,
Un air assez intelligent,
Une éducation parfaite, — qu'elle m'aime, —
Et qu'elle apporte quelqu'argent,
J'accepterais la première venue...

— Hélas ! j'ai peur, si cela continue,
Avec mon malheureux défaut,
De ne jamais avoir la femme qu'il me faut.

Pourtant je fus, l'autre semaine,
Bien près de voir la fin de ma déveine.
C'était au bal chez un de mes amis
Qui, sachant mon goût pour le mariage,
M'avait formellement promis
Que je verrais plus d'un jeune visage.
— Là, je puis vous l'affirmer,
J'ai vu l'enfant la plus adorable du monde.
Je ne pus la voir sans l'aimer.

Et d'abord, elle est blonde,
La nuance que j'aime... Elle a de plus l'œil noir,
Le nez... Mais s'il fallait vous détailler ses charmes,
Je ne finirais pas ce soir.
— Je me disais : Elle va rire aux larmes
Si je lui fais trop mal ma déclaration.
Pour ne point bredouiller faisons attention.
Donc ayant avec elle
Souvent valsé, polké,
Sûr enfin de dompter ma parole rebelle,
Ce soir-là je me risquai.

— Mademoiselle... J'ai... La beauté... Jour suprême...
La musique... Les fleurs... Ce bal... Un paradis...
Deux étoiles... Vos yeux... Sais plus ce que je dis !
Ma fortune, mon nom... Votre main... Je vous aime !...

— Je lui dis tous ces mots si passionnément
Qu'ils sortirent avec un affreux bégaiement !...
J'attendais, anxieux. L'aimable demoiselle
Rougit et... ne répondit rien...
Allons ! me dis-je : Ça va bien !

— Le cœur encor tout rempli d'elle,
J'allai retrouver mon ami
Et je lui contai que parmi
Les valseuses j'avais su faire une conquête...
Un ange, une fée, un trésor !
— Je sais tout, me fait-il. Commence ton enquête.
Son âge ?— Dix-huit ans.— Ses parents ?—Cousus d'or.—
— Puisqu'elle est belle, riche et sage,

Pourquoi n'a-t-elle point voulu du mariage?
— Certaine infirmité l'en empêche; mais quoi!
          Ce n'en est pas une pour toi.
     Vous êtes faits l'un pour l'autre... — Qu'a-t-elle?
          — Pour toi c'est une bagatelle;
Et c'est pour ton bonheur que Dieu la créa telle :
Va demander sa main au père de ce pas!
— Mais qu'a-t-elle?—Un malheur commun vous rapproche
          Elle a... ce qu'on te reproche.
— Comment! Elle bégaie?
                    Alors, je n'en veux pas!

FIN

MONOLOGUES

A CORNEILLE, par L. Paté, poésie dite à la Comédie-Française, par M. Maubant. . . . . » 50

UNE ACTRICE EN VOYAGE, de M. Gaston Hirsch, dit par Mlle Marguerite Ugalde, des Nouveautés . . . 1 »

AFFLICTION ! de Jean Gascogne, dit par M. Coquelin cadet . . . . » 50

A LA MER ! par M. Bertol-Graivil, dit par M. Coquelin cadet, de la Comédie-Française. . . . . » 50

L'ALBUM, par MM. E. Philippe et L. Bridier, monologue en prose, dit par mademoiselle Reichenberg de la Comédie-Française . . . . 1 »

L'ALCOVE, par Henri Buguet, dit par M. Daubray, du Palais-Royal . . . . » 50

ALTÉRÉ DE SANG ! de M. J. Guillemot, dit par M. Coquelin cadet. . . . . » 50

ANDRÉ GILL, par E. Blémont, poème dit par M. A. Lambert, de l'Odéon . . . . » 50

APRÈS NOUS, de Lucien Puech, dit par M. Coquelin cadet . . . . 1 »

LES BAINS DE MER, de L. Puech, dit par M. Coquelin cadet. . . . . 1 »

LE BEURRE DE FRANÇOISE, de MM. Bridier et Philippe, monologue dit par Mlle Lamarre, du Palais-Royal. » 50

BLASÉ ! monologue en prose par M. Pr. Morton. » 50

BON A TOUT FAIRE, de MM. Bridier et Philippe, dit par M. Dailly, du Palais-Royal . . . . » 50

BONNE ANNÉE, par Emile Moreau, compliment en vers, dit par Mlle J. Granier, du Gymnase . . . . . 1 »

CAÏN, de René Asse, scène biblique en vers, dite par M. Worms, du théâtre du Châtelet . . . . . . » 50

CAMELOT, monologue en prose de M. A. Girod, dit par M. Galipaux, du Palais-Royal. . . . . » 50

LE CHALET, de M. L. Bridier, dit par M. F. Galipaux. » 50

LES CIGALIERS A FLORIAN, par Grangeneuve, vers dits par M. Mounet-Sully, de la Comédie-Française. 1 »

LA CLÉ DE BARBE-BLEUE, par Octave Gastineau, saynète jouée par Mme***. . . . . 1 »

LES COLÈRES DU FLEUVE, par G. Duval, poésie dite par madame P. Patry, de la Porte-Saint-Martin. » 50

CONFIANCE! par J. Truffier, fantaisie en vers, dite par M. Ch. Thiron, de la comédie-Française . . 1 »

CROMWEL, monologue en vers, par Aug. Doudement . . . . » 50

LE CONTE DU GARDE, de G. Nadaud dit par M. Coquelin ainé. . . . . 1 »

LA COURONNE, récit en vers de MM. P. Amelte et P. Rimé, dit par M. de Feraudy, de la Comédie-Française. » 50

LE COUCHER DE MONSIEUR, de G. Nadaud, dit par M. Coquelin ainé. . . . . 1 »

DANS LA SALLE, par G. Dampt, dit par M. Coquelin cadet. . . . . » 50

DANS LE NORD, par M. Bertol-Graivil, dit par M. Coquelin cadet. . . . . » 50

DANS LE VOLUME BLEU, par M. H. Buguet, monologue dit par M. Saint-Germain, du Gymnase. . . . . » 50

DENIS PAPIN, de Emile Gouget, poème dit par M. Coquelin cadet, de la Comédie-Française . . . . » 50

LE DINER DE DULAURIER, par MM. L. Bridier et E. Philippe, monologue en prose, dit par M. Berthelier. » 50

DUCANOIS, par P. Ferrier, monologue en vers libres dit par M. Saint-Germain, du théâtre du Gymnase. 1 »

LES ÉCONOMIES DE CABOCHARD, par Dumanoir et Siraudin, vaudeville joué sur le théâtre du Palais-Royal par M. Achard . . . . 1 »

LES ECREVISSES, par Jacques Normand, fantaisie en vers, dite par M. Coquelin, de la Comédie-Française, édition ornée de 12 dessins de S. Arcos. . . . 2 »

ELLE M'ATEND! monologue de M. G. Lorin, dit par M. Coquelin cadet. . . . . » 50

EN DUEL! par J. de Marthold, dessin d'Em. Mas. 1 »

L'ENTRESOL, par O. Gastineau, saynète jouée par Mme*** . . . . 1 »

ÊTRE ET NE PAS ÊTRE, par MM. Ed. Philippe et L. Bridier, dit par M. Dupuis, des Variétés. . . . . 1 »

EXAMEN DE CONSCIENCE D'UNE JEUNE FILLE, de G. Nadaud dit par Mlle Reichemberg . . . . . . 1 »

LE FILS DU CHARPENTIER, par M. Paul Delair, récit en vers, dit par M. C. Coquelin. . . . . » 50

FINAUD, par MM. Bridier et E. Philippe, dit par Mlle A. Lavigne, du Palais-Royal . . . . » 50

FOL AMOUR. par Marc Sonal, dit par mademoiselle A. Lavigne, du Palais-Royal. . . . . » 50

LA FOLLE DU LOGIS, par M. Eugène Verconsin . 1 »

LE FRISSON, fantaisie rimée, par M. Henri Becque. 1 »

LE FROTTEUR, par M. H. Buguet, dit par M. Dailly, de la Comédie-Parisienne. . . . . » 50

LA GRANDE AFFAIRE, de M. Ch. Clairville, lettre à une amie lue par mademoiselle B. Baretta, de la Comédie-Française. . . . . » 50

GRAND-PÈRE, VOUS N'ÊTES PAS VIEUX, par Gustave Nadaud, chanson dite par Mlle S. Reichenberg. » 50

HÉSITATIONS, de M. Bertol-Graivil, dit par Mlle Reichenberg. . . . . » 50

HISTOIRE DE NAPOLÉON Ier, sténographiée par H. Buguet et monologuée par M. Denizot. . . . . . » 50

L'HOMME NAVRÉ, de M. Ch. Clairville, monologue dit par M. Galipaux, du Palais-Royal. . . . . . . » 50

L'HOMME POLI, de O. Pradels, dit par M. Coquelin cadet . . . . » 50

L'HOMME QUI A VOYAGÉ de Charles Cros, dit par M. Coquelin cadet. . . . . 1 »

L'HOTEL DROUOT, par M. Paul Eudel, monologue dit par M. Galipaux, du Palais-Royal. . . . . . . » 50

L'HYPNOTISEUR, par A. Guillon, dit par M. Coquelin cadet. 1 »

HYPOTHÈSES, monologue en vers de MM. P. de Néha et Marc Sonal, dit par M. E. Larcher, du Gymnase. » 50

L'INONDATION, épisode en vers par L. Olona, dit par Mme J. Douard, du théâtre Cluny . . . . . . » 50

L'INVENTION DE MATHÉUS, de Frédéric Rouvier, dit par M. Coquelin cadet. . . . . » 50

JEAN ET JOHN, de G. Nadaud, dit par M. Coquelin ainé . . . . 1 »

JE NE SUIS PAS VANTARD! de A. Delilia, dit par M. Christian, des Variétés. . . . . » 50

JE SUIS MADAME! de M. G. Maquis, monologue en vers, dit par Mlle Vanina Valette, du théâtre de la Porte-Saint-Martin. . . . . » 50

LES JEUNES, conférence faite par M. Henri de Lapommerave . . . . 1 »

JE VIVRAI, monologue en vers, par M. A. Paër. 1 »

LE LION DE BELFORT, de M. E. Gouget, poésie, dite
par madame E. Dugueret. . . . . » 50
MADAME CLOSET, par Henry Buguet 0 50
MALADIE GRAVE, de M. Bertol-Graivil, dit par M. Co-
quelin cadet. . . . . » 50
MA POUPÉE, par Paul Bounetain, dit par Mlle Jane May,
du théâtre du Palais Royal. . . . . » 50
MARIÉE DEPUIS MIDI, par W. Busnach et A. Liorat,
musique de Jacobi, pièce jouée sur le théâtre des
Bouffes-Parisiens par Mme A. Judic. . . . 1 fr. 50
UN MARTYR, par MM. E. Philippe et L. Bridier, dit par
M. Galipaux. . . . . » 50
LE MENDIANT DE SADOWA, de M. H. Buguet, dit par
M. Garnier, de la Comédie-Parisienne. . . . . » 50
LA MISSION FLATTERS, par René Assé, poésie dite par
M. Dumaine, de la Porte-Saint-Martin. . . . . » 50
LE MONSIEUR QUI N'AIME RIEN, par L. Puech, dit
par M. Coquelin cadet. . . . . 1 »
UN MONSIEUR TRÈS TIMIDE, par M. J. Reyar, monolo-
gue dit par M. Noblet, du Palais-Royal. . . . » 50
LE NEZ EN ARGENT, monologue en vers, par M. J.
Reyar (dit par l'auteur). . . . . » 50
L'OBSESSION. par X. et Charles Cros, dit par M. Coque-
lin cadet . . . . 1 »
LE PANTHÉON, de Lucien Puech, dit par M. Coquelin
cadet . . . . 1 »
PAS PRESSÉ, de M. Bertol-Graivil, dit par M. Coquelin
cadet. » 50
PIERRE, par M. L. Bridier, dit par Mlle J. Baumaine,
du théâtre des Variétés . . . . » 50
LA POUPÉE, de M. Ernest Depré, monologue en vers, dit
par Mlle Baretta, de la Comédie-Française. . » 50
POURQUOI PLUS DE CHANSONS? de M. Boisselot, dit
par Mme C. Chaumont, du théâtre du Palais-Royal. 1 fr.
LA PREMIÈRE DU MARIAGE DE FIGARO, par Émile
Moreau, vers dits par M. Porel sur le théâtre de
l'Odéon . . . . » 50
PRIS AU PIÈGE, de M. G. Peloux, fantaisie en vers dite
par M. Delaunay, de la Comédie-Française. . . 1 »
LE RÉSERVISTE, de MM. E. Philippe et L. Bridier, mo-
nologue en prose, dit par mademoiselle Reichenberg
de la Comédie-Française. . . . . » 50
LE RIBAUD, monologue en vers, par Louis Bridier. » 50
LE RONDEAU DE JEANNE de Grangeneuve, dit par ma-

demoiselle Reichenberg, de la Comédie-Française. 1 »

LE RURAL, fantaisie en prose, par M. Ernet Depré, dite par M. F. Galipaux. . . . . » 50

LE SANS-CULOTTE, de M. H. Buguet, dit par M. Montbars, du Palais-Royal . . . . » 50

SCEPTIQUE, de M. Lucien Puech, dit par M. Coquelin cadet. . . . . 1 »

LE SONNET D'ARVERS, par Marc Sonal, dit par Mlle Mario . . . . » 50

SOUS CLÉ, vaudeville en un acte, par MM. de Leuven, Desforges et Dumanoir, joué sur le théâtre du Palais-Royal par Mlle Déjazet . . . . 1 »

LES STATUES, par J. Truffier, conte en vers dit par Mlle Sarah Bernhardt . . . . 1 »

LA STATUOMANIE, par L. Puech, dit par M. Coquelin cadet . . . . 1 »

LE SUFFRAGE UNIVERSEL DES BÊTES, de G Nadaud, dit par Mlle J. Thénard . . . . 1 »

LES SUITES D'UN SERMON, par MM. L. Bridier et E. Philippe, monologue en prose, dit par madame Théo. » 50

LE THÉATRE ARCHI-MORAL, par A. de Saint-Albin et A. Mortier, conférence dite aux Folies-Dramatiques par M. Milher . . . . 1 »

LE THÉATRE SCRIBE, par MM. Ch. Le Senne et A. Delilia, à-propos en vers dit par Mme Elise Picard, de l'Odéon . . . . » 50

LES TONNEAUX, de Bertol-Graivil, dit par M. Coquelin cadet. . . . . 1 »

TOULOUSE, poésie de François Mons. . . . . . . » 50

TRIOLETS A MARION, de Em. Catelain, dits par M. Garraud, de la Comédie-Française. . . . . . 1 »

LE VALET DE COEUR, de L. Besson et F. Javel, monologue en prose, joué par M. Germain, au théâtre des Variétés. . . . . 1 »

LA VIEILLESSE DE CORNEILLE, de M. A. Delpit, poésie dite à la Comédie-Française, par mademoiselle Sarah Bernhardt.. . . . . » 50

LE VOYAGE A TROIS ÉTOILES, de Charles Cros, dit par M. Coquelin cadet . . . . 1 »

IMPRIMERIE GÉNÉRALE DE CHATILLON-SUR-SEINE — A. PICHAT.